자두의 과학일기

2025년 10월 10일 개정판 1쇄 인쇄
2025년 10월 20일 개정판 1쇄 발행

글 | 서지원
그림 | 문평윤

발행인 | 정동훈
편집인 | 여영아
편집 | 김지현, 김학림, 김상범, 변지현, 임선진
디자인 | 장현순, 김지수
제작 | 김종훈, 박재림
발행처 | 학산문화사
등록 | 1995년 7월 1일 제3-632호
주소 | 서울 동작구 상도로 282 학산빌딩
전화 | 편집 문의 02-828-8873 영업 문의 02-828-8962
팩스 | 02-823-5109
홈페이지 | www.haksanpub.co.kr

ⓒ이빈, 서지원, 문평윤 2025
ISBN 979-11-411-7294-7 74400
      979-11-411-7292-3 (세트)

※KC마크는 이 제품이 공통안전기준에 적합하였음을 의미합니다.
※이 책은 저작권법에 따라 한국 내에서 보호받는 저작물이므로 무단 전재와 무단 복제를 금합니다.
  이 책의 전부 또는 일부를 이용하려면 반드시 저작권자와 출판사의 동의를 받아야 합니다.
※잘못된 책은 바꾸어 드립니다.

| 머리말 |

우주는 생각보다 가까운 곳에 있어요!

1만 원 종이돈을 자세히 본 적이 있나요?

우리나라의 1만 원은 우주의 돈이랍니다.

무슨 말이냐고요? 1만 원의 뒷면을 보면

우주가 그려져 있어요.

'천상열차분야지도'라고 불리는 우주 지도,

'혼천의'라고 불리는 우주를 표시하는 장치,

그리고 우리나라에서 가장 큰 천체 망원경인

'보현산 천문대 광학 망원경'이

그려져 있지요

이처럼 우리나라는 까마득한 옛날부터
우주에 대한 연구를 많이 했어요.
꾸준히 연구를 거듭한 결과, 이제는 우주로 위성을 쏠 만큼
우주 과학이 발달한 자랑스러운 나라가 됐답니다.
우주는 참으로 신비하고 놀라운 수수께끼 같은 곳이랍니다.
우리 친구들도 우주 과학에 대해 호기심을 많이 갖고
하나씩 우주의 수수께끼를 풀어 보세요.
우주는 여러분의 도전을 기다리고 있어요!

서지원

| 차례 |

1장 우주의 탄생

배가 갈수록 커지네 · 10
우주가 갈수록 커지고 있다고요?

정신이 안드로메다로 · 14
지구에서 안드로메다은하까지 가려면 얼마나 걸릴까요?

우주에 있는 별의 수만큼 · 18
우주에는 얼마나 많은 별이 있을까요?

예술 작품 · 22
우주는 아무것도 없는 진공 상태일까요?

스타의 죽음 · 26
별도 죽는다고요?

2장 태양계와 별자리

따라오지 마! · 32
지구는 왜 태양 주위를 빙글빙글 도나요?

아이고, 더워 · 36
태양은 얼마나 뜨겁나요?

다른 별에 가고 싶어 · 40
수성이나 금성, 화성은 지구랑 다른가요?

외계인 사인 · 44
화성에는 정말 외계인이 있을까요?

목성 같은 너 · 48
목성은 얼마나 큰가요?

명왕성 신세 · 52
명왕성은 왜 태양계에서 쫓겨났나요?

나의 별자리 · 56
별자리는 어떻게 찾는 거예요?

고인돌의 비밀 · 60
고인돌에 별자리가 새겨져 있다고요?

3장 우주 탐험

도전, 우주인! · 66
우주에 제일 먼저 가 본 사람은 누구예요?

저, 우주 정거장에서 내려요 · 70
우주에 정거장이 있다고요?

할로윈 파티 · 74
우주에 가려면 우주복을 꼭 입어야 해요?

우주여행을 하다가 똥을 만나면 · 78
우주선에서 눈 똥을 연료로 쓴다고요?

병들어 가는 우주 · 82
우주에 쓰레기가 둥둥 떠다닌다고요?

내가 외계인이라고? · 86
우주에 황금 레코드판이 떠돌아다닌다면서요?

이사 갈 사람! · 90
화성으로 이사 갈 사람을 찾는다고요?

4장 블랙홀, 소행성, 혜성, 유성

블랙홀 같은 청소기 · 96
블랙홀에 빠지면 영영 나올 수 없나요?

별이 똥을 눈다고? · 100
별똥별은 정말 별의 똥이에요?

별자리가 궁금해! · 104
별자리 이름은 누가 정하는 거예요?

소행성이 날아오면 · 108
소행성이 또 지구랑 충돌할까요?

별들이 비처럼 내려와요! · 112
유성우는 왜 비처럼 떨어지는 건가요?

1장 우주의 탄생

01 배가 갈수록 커지네
우주가 갈수록 커지고 있다고요?

02 정신이 안드로메다로
지구에서 안드로메다은하까지 가려면 얼마나 걸릴까요?

03 우주에 있는 별의 수만큼
우주에는 얼마나 많은 별이 있을까요?

04 예술 작품
우주는 아무것도 없는 진공 상태일까요?

05 스타의 죽음
별도 죽는다고요?

[우주의 팽창]

배가 갈수록 커지네

| 7월 12일 수요일 | 날씨 하늘은 안 높은데 나는 살찐 날 |

배가 고파서 탕수육이랑 짜장면을 먹었다. 맛이 있어서 몽땅 먹어 치웠다. 그러자 배가 엄청 부풀어 올랐다. 개구리 배처럼 볼록해진 것이다. 그래도 나는 멈추지 않고 계속 먹었다. 만두까지 몽땅 먹었다. 그랬더니 시간이 지나면 지날수록 배가 점점 더 부풀어 올랐다. 미미는 내 배가 우주처럼 팽창한다며 놀렸다. 우주도 내 배처럼 계속 커지고 있다니, 그게 사실일까?

알짜배기 과학 상식

우주가 갈수록 커지고 있다고요?

우주는 얼마나 큰가요?

우주는 우리가 상상할 수 없을 만큼 넓단다. 현재의 과학 기술로는 우주의 끝이 어딘지 도저히 짐작할 수조차 없을 정도지. 게다가 우주는 날이 갈수록 점점 더 커지고 있어.

많은 과학자들은 우주가 맨 처음 아주 작은 점이 폭발을 거듭해서 지금처럼 커졌다고 생각하고 있어. 이것을 '빅뱅 이론'이라고 한단다.

상상해 봐. 지금으로부터 150억 년 전쯤 작은 먼지 뭉치 같은 점이 어떤 힘에 의해 크게 폭발했어. 그 폭발과 함께 우주가 만들어진 거지.

폭발은 눈 깜짝할 사이에 일어났고, 우주는

언젠간 토끼 혹성을 차지해야 하는데.

나는야 빅뱅 5호 혹성!

나는 빅뱅 3호 혹성!

아주 짧은 시간 동안 몇 백만 배 늘어나게 됐지.
 과학자들은 우주가 만들어지고 나서 1초 후에 '원자핵'이라는 것이 만들어졌다고 추측한단다. 그리고 한 3분쯤 지나서 핵끼리 결합하게 됐을 거라고 추측해. 그리고 몇 십만 년이 흐른 후 '원자'가 만들어졌을 거라고 한단다. 원자가 만들어진 후 수소와 헬륨 등 여러 가지 물질들이 생겨나게 됐지. 그리고 그것들이 점점 뭉쳐서 별이 되고, 반짝이는 은하수가 된 거지.

혹시 깐따삐야 혹성으로 가는 길 아세요?

모르는데요.

[안드로메다은하]

정신이 안드로메다로

7월 13일 목요일 | 날씨 여름인데도 춘곤증이 온 날

아침밥을 너무 많이 먹어서인가? 수업을 시작하자마자 잠이 쏟아졌다. 나는 선생님께서 열심히 설명을 하고 있는데도 꾸벅꾸벅 졸고 말았다. 나중엔 코까지 골며 잠이 들었다. 민지가 일어나라며 옆구리를 쿡 찔렀지만 나는 일어나지 않았다. 그걸 본 선생님은 내 정신이 안드로메다은하까지 간 게 틀림없다고 말씀하셨다. 그런데 안드로메다은하는 얼마나 멀리 있는 것일까?

알짜배기 과학 상식

토끼가 조금 빠른데~!

지구에서 안드로메다은하까지 가려면 얼마나 걸릴까요?

지구가 있는 은하에서 가장 가까운 은하는 안드로메다은하란다. 거기까지 가려면 얼마나 걸리는 줄 아니? 무려 230만 년이 걸리지.

와, 그렇게나 멀어요?

헉! 헉!

수많은 별들이 모여 있는 곳을 '은하'라고 하지. 태양 주변을 돌고 있는 지구나 화성, 수성, 목성 같은 별들을 '태양계'라고 하는데, 이것이 속해 있는 은하를 '우리 은하'라고 해.

불과 얼마 전만 하더라도 사람들은 우주에 화성,

수성, 지구, 목성, 토성 같은 별만 있는 줄 알았대. 하지만 과학자들의 끈질긴 관찰 덕분에 우주에는 더 많은 별이 존재한다는 걸 알게 됐지.

1923년에 과학자들은 지구에서 약 230만 광년 떨어진 곳에 있는 안드로메다라는 은하를 발견했어. '광년'이란 빛이 1년 동안 날아오는 거리를 뜻해. 그러니까 우리가 빛의 속도로 230만 년을 날아가야만 안드로메다은하에 도착할 수 있는 거야.

지금은 그 정도가 걸리지만 아마 시간이 가면 갈수록 거리가 더 멀어지게 될 거야. 왜냐하면 우주가 갈수록 팽창하고 있거든.

7월 14일 금요일 | 날씨 하늘에 별이 가득한 날

꿈을 꾸었다. 윤석이가 내게 사랑을 고백했다. 나는 우주에 있는 별의 수만큼 맛있는 걸 사 준다면 그 사랑을 받아 주겠다고 말했다. 윤석이는 얼마든지 그러겠다고 약속했다. 우와, 별의 수만큼 맛있는 걸 먹을 수 있다면 얼마나 좋을까! 날마다 맛있는 걸 먹어도 별의 수만큼은 먹지 못할 것이다. 비록 꿈이지만 나는 엄청 행복했다. 그런데 우주에 있는 별의 수는 몇 개나 되는 걸까?

알짜배기 과학 상식

"민지야 조금만 더 힘을 내!"

"조금만 더하면 별을 딸 수 있을 것 같아."

우주에는 얼마나 많은 별이 있을까요?

밤하늘을 보면 별이 수를 셀 수 없을 정도로 많이 반짝거리고 있지. 그런데 우주에는 우리가 눈으로 보는 것보다 훨씬 많은 별이 존재한단다. 우주에는 셀 수 없을 정도로 많은 은하가 있거든.

"눈에 안 보이는 별도 있나요?"

별이 모여 있는 덩어리를 은하 또는 은하수라고 한댔지? 우리 은하만 해도 1천 개가 넘는 별과 별 사이를 떠다니는 가스, 우주 먼지 등으로 이루어져 있단다. 지구나 금성, 수성처럼 별에 딸린 행성까지 생각한다면 수억 개의 천체가 포함되지.

우주에는 다른 은하들이 많이 있단다. 천체 망원경과 과학 기술이 발달하면서 우리 은하 외에도 우주에는 아주 많은 은하가 있다는 것을 알게 됐지.

은하는 모양에 따라 나선형 은하, 타원형 은하, 렌즈형 은하, 불규칙 은하 등으로 나눌 수가 있어. 우리 은하는 멀리서 보면 가운데가 볼록 튀어 나온 나선 모양으로 생겼다고 해서 나선형 은하라고도 하지. 우주에는 이런 은하들이 수를 셀 수 없을 정도로 많단다. 은하 한 개에 속한 별은 적게는 수천 개에서 많게는 수억 개가 넘을 정도로 많지.

| 7월 17일 월요일 | 날씨 소나기가 내린 날 |

선생님께서 숙제로 그림을 그려 오라고 하셨다. 나는 무얼 그릴지 고민하다가 우주를 그리기로 했다. 나는 엄청 열심히 그림을 그렸다. 그런데 아무도 내 그림이 뭔지 알아보지 못했다. 나는 속이 상했다. 유일하게 내 그림을 알아본 건 민지였다. 민지는 그림을 보자마자, "와, 이건 암흑 물질로 가득한 우주를 그린 거구나!"라며 감탄했다. 민지는 역시 천재가 틀림없다. 그런데 민지가 말한 암흑 물질은 무엇일까?

분명히 이 근처에 암흑 물질이 있을 텐데.

지구와 달, 태양이 공전과 자전을 하는 것처럼 우리 은하도 일정한 방향을 가지고 계속 움직이는데, 그 속도가 아주 빠르다는 거야.

물체는 무거운 만큼 속도를 낼 수 있지. 그러니 우리 은하가 아주 빨리 움직인다는 것은 눈에 보이지 않지만 질량을 가지고 있다는 뜻이 되잖니. 이 사실로 말미암아 과학자들은 별과 별 사이가 진공 상태가 아니라 다른 물질로 채워져 있다는 걸 알아내게 됐지.

하지만 그 물질은 눈에도 보이지 않고, 무엇인지 정확히 모르기 때문에 이름을 붙일 수가 없었어. 결국 과학자들은 우주에 있는 어떤 물질을 '암흑 물질'이라고 부르기로 했지.

암흑 물질을 찾으러 간 자두와 미미는 잘 있으려나?

혹시, 암흑 물질이 어디 있는지 알아요?

?

[별]
스타의 죽음

| 7월 19일 수요일 | 날씨 유성우가 쏟아진 날 |

아빠가 좋아하던 스타가 죽었다며 쓸쓸해 하셨다. 스타는 별을 말하는 것이 아닌가. 나는 별이 죽었다는 이야기를 하는 줄 알고 깜짝 놀랐다. 별도 죽을 수 있냐고 물었더니 아빠는 누구나 태어나면 죽는 거라고 말씀하셨다. 순간 궁금한 게 떠올랐다. 별이 죽으면 장례식은 어떻게 치를까? 무덤은 어디에다 만들까? 나는 이것저것 물어봤다. 하지만 아빠는 대답을 못 하셨다. 정말 반짝반짝 빛나는 별한테도 죽음이란 게 있는 걸까?

2장 태양계와 별자리

01 따라오지 마!
지구는 왜 태양 주위를 빙글빙글 도나요?

02 아이고, 더워
태양은 얼마나 뜨겁나요?

03 다른 별에 가고 싶어
수성이나 금성, 화성은 지구랑 다른가요?

04 외계인 사인
화성에는 정말 외계인이 있을까요?

05 목성 같은 너
목성은 얼마나 큰가요?

06 명왕성 신세
명왕성은 왜 태양계에서 쫓겨났나요?

07 나의 별자리
별자리는 어떻게 찾는 거예요?

08 고인돌의 비밀
고인돌에 별자리가 새겨져 있다고요?

【 지구와 태양 】

따라오지 마!

| 7월 21일 금요일 | 날씨 하늘이 유난히 맑은 날 |

수업 시간에 역할극을 하기로 했다. 나랑 민지는 태양이랑 지구 역할을 하기로 했다. 그때 태양계의 모든 행성은 태양을 좋아해서 그 주변만 빙글빙글 돈다는 이야기가 생각났다. 음, 내가 만약 인기쟁이 태양이 된다면 나를 따라다니는 귀찮은 별들한테 "나 좀 따라오지 마!"라고 할 것이다. 그런데 왜 지구, 화성, 수성 같은 별들은 태양을 따라 빙글빙글 도는 걸까?

지구는 왜 태양 주위를 빙글빙글 도나요?

태양계의 모든 것들은 태양을 중심으로 움직인단다. 지구도, 수성도, 금성도, 천왕성도, 해왕성도 모두 태양 주위를 빙글빙글 돌고 있지.

왜 모두 태양 주위만 빙글빙글 도는 거예요?

태양계는 태양 주변을 돌고 있는 천체를 모두 합쳐 부르는 말이란다. 태양계 안에는 지구를 비롯해, 수성, 금성 등의 행성과 소행성, 위성, 혜성 등 다양한 종류의 천체가 있어. 그런데 이 모든 것이 태양 주위를 빙글빙글 도는 까닭은 무엇 때문일까?

[태양]

아이고, 더워

7월 25일 화요일 | 날씨 숨이 막히게 더운 날

오늘은 날씨가 무척 덥다. 조금만 움직여도 땀이 뻘뻘 나는 것 같다. 나는 너무 더워서 엄마한테 에어컨을 켜자고 졸랐다. 하지만 구두쇠, 자린고비 엄마는 절대 안 된다고 말씀하셨다. 엄마는 눈을 감고 섭씨 6,000도나 되는 뜨거운 태양 앞에 있는 상상을 해 보라고 말씀하셨다. 그러면 지금이 얼마나 시원한지 뼈저리게 느낄 거라는 것이었다. 역시, 우리 엄마는 대단한 구두쇠다. 그런데 태양은 왜 그렇게 뜨거운 걸까?

알짜배기 과학 상식

크크크, 나의 온도는 평균 6,000도 라고!

더워~

태양은 얼마나 뜨겁나요?

태양은 매 초마다 어마어마한 양의 에너지를 쏟아내고 있단다. 지구가 받는 태양 에너지는 고작 20억 분의 1밖에 되지 않아. 그러니 얼마나 큰 에너지가 쏟아져 나오는 건지 짐작이 가지?

헉, 대체 태양은 얼마나 뜨거운 걸까요?

태양은 지구에서 약 1억 5,000만km나 떨어져 있지. 지구는 이렇게 먼 거리에 있기 때문에 태양이 내보내는 빛의 20억 분의 1밖에 받지 못한단다. 만약 태양이 내뿜는 에너지가 모조리 지구로 전달된다면 어떻게 될까?

아마 지구는 한순간에 잿더미가 되고 말 거야. 태양은 우리가 해를 볼 때 느껴지는 것처럼 빛나는

더~워!

흐아~ 덥다, 더워!

존재가 아니란다. 태양은 이글거리는 불덩이와 마찬가지지.

태양의 평균 온도는 약 6,000도 정도라고 해. 이건 태양의 가장자리 온도이고 한가운데에 속하는 핵의 온도는 무려 1천 5백만 도가 넘는다는구나.

지구에서 태양을 관찰하면 표면에 검은 반점이 보여. 이 점을 '흑점'이라고 하는데, 주변의 온도보다 낮아서 검게 보이는 거란다. 또 태양에서 가장 뜨거운 부분은 '코로나'라고 해. 코로나는 솟구치는 불기둥 같은 거란다. 코로나의 온도는 무려 100만 도 이상이라고 해.

| 7월 27일 목요일 | 날씨 지구에 살아서 다행인 날 |

은희가 방학 때 세계 여행을 갈 거라고 했다. 개학을 하고 나면 은희가 엄청 자랑할 텐데. 그 얄미운 자랑을 계속 듣지 않으려면 더 멋있는 곳을 가야만 한다. 나는 고민하다가 우주여행을 떠올렸다. 지구에도 이렇게 볼 게 많은데, 다른 별은 얼마나 더 멋질까 하는 생각이 들었던 것이다. 그런데 아빠는 화성이나 금성은 지구랑 완전 달라서 볼 게 하나도 없다고 말씀하셨다. 정말 수성이나 금성이나 화성은 지구랑 다를까?

알짜배기 과학 상식

"월석을 많이 가져 갈 거야!"

"이걸 다 옮겨야 하는 거야?"

수성이나 금성, 화성은 지구랑 다른가요?

우주선이 달에 도착한 모습을 보니까 그곳은 지구와는 전혀 다르게 생겼다더라고요. 탐사 로봇이 보낸 다른 별의 사진도 마찬가지였어요.

태양계의 행성 중 비슷한 행성은 하나도 없어. 오랜 시간 정해진 길을 따라 태양 주위를 돌면서 행성들은 각자 다른 모습과 다른 환경을 갖게 되었거든.

태양에 가까운 행성들은 주로 딱딱한 암석으로 되어 있어. 이런 행성을 '지구형 행성'이라 하지. 수성, 금성, 지구, 화성은 지구형 행성이야. 지구형 행성의 특징은 태양 가까이에 있기 때문에 가스나 물 따위가 적다는 거야.

"에휴…. 끝이 없구만."

목성, 토성, 천왕성, 해왕성처럼 화성보다 멀리 떨어져 있는 행성을 '목성형 행성'이라고 불러. 목성형 행성은 지구형 행성에 비해 크기가 크지만 표면이 가스로 되어 있단다.

태양 가까이 있는 행성은 수백 도가 넘을 만큼 뜨겁고, 태양에서 멀어질수록 차가워져. 목성의 온도는 지구보다 100도 정도 낮단다.

지구가 딱딱한 지층과 두꺼운 공기층, 그리고 물을 가질 수 있었던 건 태양으로부터 떨어진 거리가 그만큼 알맞았기 때문이야.

[외계 생명체]

외계인 사인

| 7월 30일 일요일 | 날씨 이상한 꿈을 꾼 날 |

꿈인지 진짜인지 모르겠는데, 자다가 일어나서 창밖을 보았더니 외계인이 서 있었다. 꼭 문어처럼 생긴 것이 틀림없는 외계인이었다. 나는 외계인을 만난 게 기뻐서 사인을 해 달라고 했다. 그런데 종이를 찾을 수가 없었다. 나는 급한 마음에 볼에다 사인을 해 달라고 했다. 그런데 눈을 떠 보니 내 볼에 여러 개의 줄이 그어져 있었다. 그 외계인이 사인을 해 준 것이 분명했다. 화성에 외계 생명체가 산다더니, 그게 사실인 걸까?

"저러다 자두가 얼어 버릴 것 같아."

"반갑습니다. 난 자두 아빠입니다."

1970년, 우주 탐사선 '바이킹호'는 화성에 생명체가 있는지 확인하기 위해 우주 탐사에 나섰단다. 하지만 아무것도 찾을 수가 없었지. 화성에도 물은 있지만 생명체가 살아가기 어려운 환경이라고 해. 화성의 대기층은 지구보다 얇아서 우주에서 날아오는 방사선이나 나쁜 물질을 막아 줄 수가 없거든. 게다가 화성 표면의 평균 온도는 영하 60도 정도로 무척 낮고, 화성의 공기 중에는 이산화탄소가 너무 많아 생명체가 제대로 숨을 쉴 수 없단다.

"영하 60도에도 견디는 지구 생물은 처음 봅니다."

"난 북극곰이라 이 정도 추위는 견뎌요."

"화성이 추위…."

[태양계의 행성]

목성 같은 너

| 8월 1일 화요일 | 날씨 은희가 더 덥게 만든 날 |

갑자기 은희가 나한테 목성을 닮았다고 했다. 사진으로 본 목성은 엄청 예뻤다. 나는 은희가 나를 칭찬해 주는 게 어색하고 신기했다. 해가 서쪽에서 뜨나 싶기도 했다. 그런데 은희는 목성이랑 나랑 닮은 이유가 제일 크고, 제일 무겁기 때문이라고 했다. 역시 한국말은 끝까지 들어 봐야 하는 거였다. 그런데 목성은 얼마나 큰 걸까?

[명왕성]

명왕성 신세

8월 5일 토요일 | 날씨 하루 종일 열 받은 날

우리 가족은 모두 모여서 우리 집 대표를 뽑기로 했다. 나는 당당하게 대표가 되고 싶다고 했다. 엄마는 흔쾌히 나를 대표로 뽑아 줬다. 그런데 모두 시큰둥한 반응이었다. 그러자 엄마는 대표 자리를 도로 뺏어 갔다. 나는 억울하고 서러웠지만 찍소리도 할 수가 없었다. 아빠는 내가 태양계에서 쫓겨난 명왕성 신세라고 했다. 명왕성은 왜 태양계에서 쫓겨났을까?

알짜배기 과학 상식

명왕성은 왜 태양계에서 쫓겨났나요?

불과 얼마 전까지만 하더라도 사람들은 태양계의 행성이 모두 9개라고 배웠지. 그런데 명왕성은 발견한 지 76년 만에 태양계에서 쫓겨나고 말았단다. 결국 태양계의 행성은 8개가 되고 말았어.

애써 찾은 명왕성을 왜 쫓아낸 거죠?

태양계의 가장 끝에 있는 행성인 해왕성은 1846년 발견됐지. 그로부터 84년 뒤인 1930년에 명왕성이 발견되었어. 명왕성은 아주 긴 타원형의 궤도를 가지고 있고, 공전 주기가 무려 248년이나 되는 행성이란다.

그렇군.

흠….

대왕! 태양계 행성 중에 명왕성을 쫓아내기로 하였습니다.

그런데 과학자들은 명왕성의 공전 주기 중 약 20년이 해왕성 궤도의 안쪽을 지난다는 사실도 알게 되었어. 그러니까 248년 가운데 20년은 태양 주위가 아니라 해왕성 주위를 도는 위성이 되는 것이지.

그래서 과학자들은 명왕성을 태양계의 9번째 행성으로 보아야 할지 해왕성의 위성으로 보아야 할지 고민하다가 소행성이라는 판정을 하게 됐지.

명왕성은 크기도 달의 3분의 2밖에 안 될 정도로 작은데다가 궤도 역시 다른 8개의 행성들과는 매우 다르기 때문에 행성으로 인정받지 못하게 된 거야. 결국 명왕성은 행성이 아니라 '왜소행성 134340'이라는 이름을 갖게 됐단다.

[별자리]

나의 별자리

| 8월 6일 일요일 | 날씨 북두칠성이 또렷한 날 |

민지랑 밤하늘을 보았다. 별이 엄청 반짝이고 있었다. 민지는 누워서 하늘을 보다가 북두칠성을 찾아냈다. 그런데 나는 아무리 보아도 어디 있는 건지 찾을 수가 없었다. 민지가 설명해 줬지만 보이지 않았다. 나는 오기가 생겼다. 하지만 밤을 꼴딱 새고도 찾지 못했다. 별자리를 찾기가 이렇게 어렵다니! 쉽게 찾는 방법은 없을까?

별자리를 보고 계절이 바뀌는 것을 알고, 방향을 구분할 수 있었기 때문이야. 하지만 별자리를 찾는다는 게 쉬운 일은 아니었지. 별자리는 계절별로 다른데다가, 시간에 따라서도 위치가 달라지거든.

이렇게 시시각각 달라지는 별자리라 하더라도 쉽게 찾을 수 있는 방법이 있어. 유명한 별자리 몇 개를 외워 두었다가 그것을 기준으로 해서 찾는 거란다.

예를 들어 작은곰자리는 7개의 별이 모여 국자 모양을 이루고 있어. 작은곰자리를 우리나라에서는 '북두칠성'이라고 부른단다. 북반구 어디에서라도 이 별자리의 첫 번째 별이 북극성이라는 건 달라지지 않아.

별자리를 확인해 두어야 해.

집에 가는 길을 잃어버렸어.

별자리를 따라가 보세요.

별자리만 따라가면 돼!

[별자리 지도]
고인돌의 비밀

| 8월 11일 금요일 | 날씨 지구 온난화를 실감한 날 |

아빠랑 엄마랑 가족 여행을 갔다. 우리는 고인돌 마을에 가게 됐는데, 그곳에서 엄청난 비밀을 알게 됐다. 우리 조상들이 아주 먼 옛날부터 별자리를 관찰해 왔다는 것이다. 그 증거가 바로 고인돌에 새겨진 별자리 지도라고 했다. 안내원 언니는 아주 커다란 돌 위에 난 구멍들을 보여 주며 자랑스러워했다. 그런데 원시인들은 왜 이런 별자리를 돌에 새긴 걸까?

맨 처음 고인돌이 발견될 당시에는 이것이 무엇인지 정확히 알지 못했어. 나중에 이것이 그 당시 한반도의 별자리라는 것이 밝혀졌단다. 평안남도 증산군 용덕리의 한 고인돌은 고인돌 덮개돌에 구멍을 75개나 뚫어 놓았지. 구멍 크기는 1.5~10cm 정도 크기로 다양하기까지 했어. 이것을 연구하던 학자들은 나중에 다른 크기의 구멍들이 별의 밝기를 의미한다는 걸 알게 되었단다.

덕분에 우리는 청동기 시대 때부터 별자리를 이용해 계절의 변화와 방향을 구분했다는 사실을 미루어 짐작할 수 있게 되었단다.

3장 우주 탐험

01 도전, 우주인!
우주에 제일 먼저 가 본 사람은 누구예요?

02 저, 우주 정거장에서 내려요
우주에 정거장이 있다고요?

03 할로윈 파티
우주에 가려면 우주복을 꼭 입어야 해요?

04 우주여행을 하다가 똥을 만나면
우주선에서 눈 똥을 연료로 쓴다고요?

05 병들어 가는 우주
우주에 쓰레기가 둥둥 떠다닌다고요?

06 내가 외계인이라고?
우주에 황금 레코드판이 떠돌아다닌다면서요?

07 이사 갈 사람!
화성으로 이사 갈 사람을 찾는다고요?

| 8월 21일 월요일 | 날씨 구름이 솜사탕 같은 날 |

장래 희망을 발표했다. 윤석이는 선생님이 되고 싶다고 했고, 돌돌이는 떡볶이 집 사장이 되고 싶다고 했다. 그런데 민지가 우주인이 되고 싶다고 하지 뭔가. 나는 지구인도 아니고 우주인이 되려는 것이냐며 비웃었다. 그런데 아이들이 모두 민지의 꿈을 듣고 '우와!' 하며 박수를 쳐 주는 것이었다. 나는 우주인이라는 직업도 있다는 걸 처음 알았다. 그렇다면 세계 최초의 우주인은 누구일까?

수 없었으니 지구가 대체 어떤 색인지, 어떤 모양인지 알 수가 없었던 거야.

유리 가가린이 우주선을 타고 지구 궤도를 벗어난 최초의 사람이라면 닐 암스트롱은 지구 밖 우주에 첫 발을 디딘 첫 번째 우주인이란다. 우주를 두고 소련과 경쟁하던 미국은 1969년 7월, 마침내 사람을 태운 우주선인 '아폴로 11호'를 달에 보내는 데 성공했지. 달에 도착한 닐 암스트롱은 두 시간 반 동안 달 표면을 탐사하고, 달의 암석과 모래를 채취한 후 돌아왔어. 암스트롱의 도전은 우주 과학 기술을 발전시키는 데 큰 힘이 됐지.

[우주 정거장]

저, 우주 정거장에서 내려요

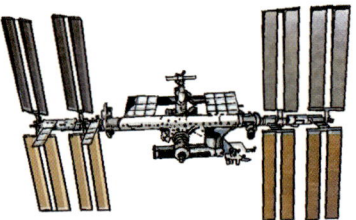

자두야, 이 사진 좀 봐. 엄청 멋지지? 우주 정거장 모습이래.

뭐? 우주 정거장?

푸하하, 야, 우주에 무슨 정거장이 있냐? 우주에 버스가 다니는 것도 아니고 지하철이 다니는 것도 아닌데!

자두야, 넌 너무 무식해.

뭐야, 진짜 우주 정거장이라는 게 있어?

밤하늘을 올려다보면 보이기도 한다고.

저, 정말?!

| 8월 23일 수요일 | 날씨 우주 정거장을 본 날 |

민지가 아주 커다란 우주선 사진을 보여 줬다. 나는 속으로 멋있다고 생각했다. 그런데 민지가 그 사진은 우주선이 아니라 우주 정거장이라고 했다. 우주에 그렇게 놀라운 것이 만들어져 있었다니! 거기다가 밤에는 눈으로 직접 볼 수도 있다니! 그런데 우주 정거장에서는 무얼 하는 걸까?

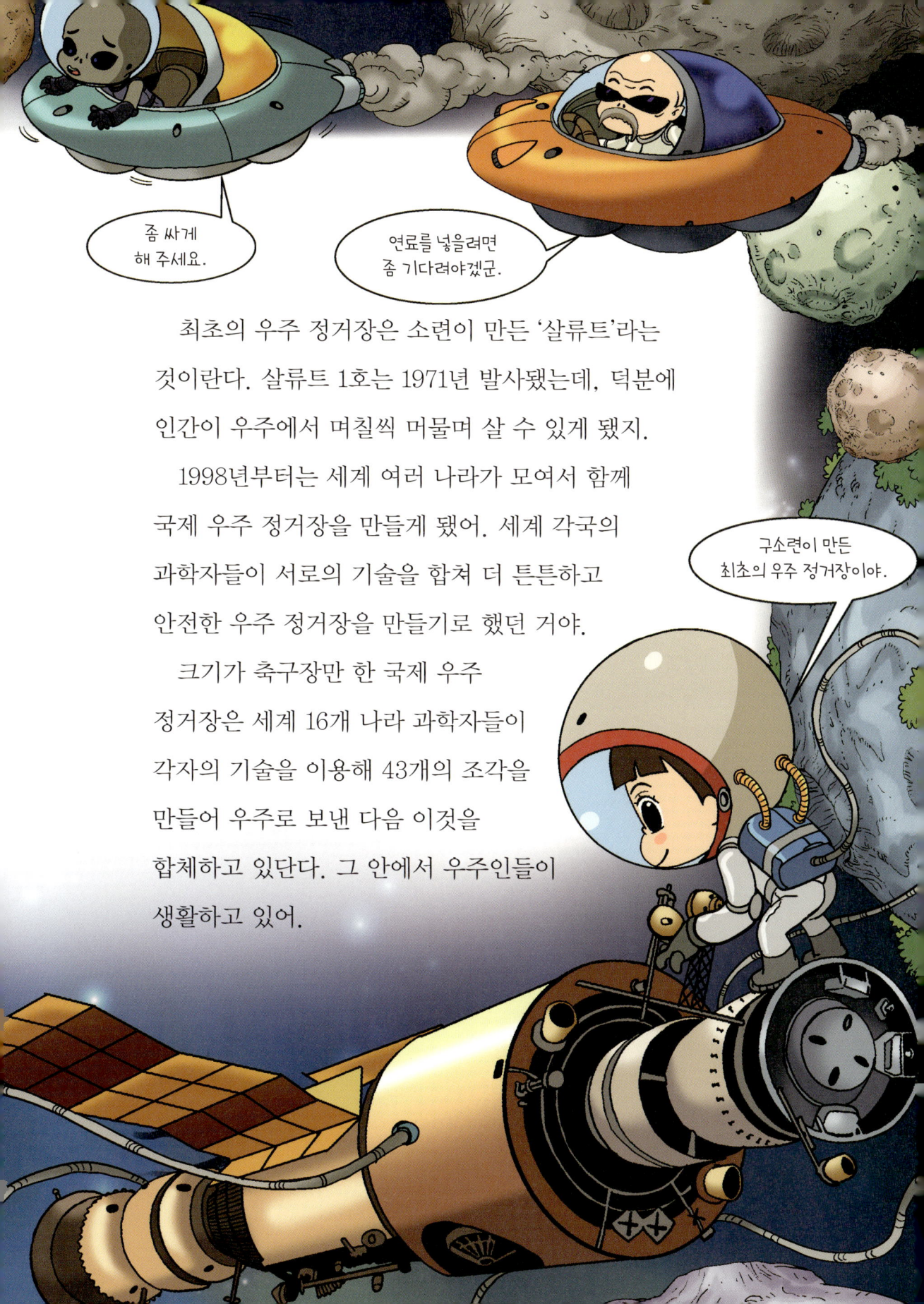

[우주복]
할로윈 파티

8월 25일 금요일 | 날씨 내가 제일 예뻐 보인 날

우주에서 찍은 사진을 보면 모두 동그란 헬멧에 두꺼운 우주복을 입고 있는 게 보인다. 우주에 나가려면 우주복을 꼭 입어야 한다고 한다. 아무래도 그러면 엄청 불편할 것 같다. 예쁜 드레스도 입고 싶고, 머리띠도 하고 싶고, 반짝이는 구두도 신고 싶을 텐데. 우주복을 입으면 아무리 예쁘게 꾸며도 티가 나지 않을 것이기 때문이다. 그런데 우주복을 안 입고 우주로 가면 어떻게 되는 걸까?

무중력의 진공 상태란다. 그리고 우주의 압력은 지구의 압력과 다르기 때문에 사람의 몸이 적응할 수가 없지. 만약 우주복을 입지 않은 상태 그대로 노출되면 몸 안이 부글부글 끓어오르게 된다고 해.

우주복의 헬멧은 특수 코팅이 되어 있다고 해. 이것은 강한 햇빛으로부터 눈을 보호해 주기 위한 것이지. 우주복 뒤에 있는 장치는 산소를 공급해 주고, 기압과 습도를 조절해 주는데다가, 우주의 방사능과 먼지 등으로부터 우주인을 지켜 주지. 또, 우주선이나 우주 정거장과 통신하는데 필요한 전력도 공급해 준단다.

[우주인의 생활]

우주여행을 하다가 똥을 만나면

| 8월 26일 토요일 | 날씨 갑자기 시원해진 날 |

텔레비전에서 우주인들의 모습을 보여 줬다. 우주인들은 우주선에서 먹고, 자고, 생활하며 우주 연구를 한다고 했다. 우주선 안은 중력이 없기 때문에 뭐든 둥둥 떠다녔다. 우주인의 몸이 둥둥 떠다니는 건 물론이고 컵도, 책도, 실험 도구도 둥둥 떠다녔다. 그래서 잠을 잘 때도, 목욕을 할 때도 벨트를 매고 있어야만 한다는 것이다. 그걸 보니까 갑자기 궁금한 게 생겼다. 우주인들이 우주선에서 똥을 누면 그 똥은 어떻게 되는 걸까?

있단다. 호스는 소변을 볼 때 사용하는 것이고, 양변기는 똥을 눌 때 쓰는 것이지. 똥이나 오줌을 다 누고 나면 곧장 진공청소기처럼 생긴 장치를 이용해 빨아들여야만 한단다.

  진공 장치 속으로 들어간 오줌은 정화되어 깨끗한 물이 돼. 우주선 안에서 생활하는 우주인들은 그 물을 다시 쓰거나 마시지. 그리고 우주인들이 눈 똥은 수분을 말린 다음 딱딱한 덩어리로 만들어서 지구로 가져오기도 하고 연료로 쓰기도 한단다.

  처음엔 우주인들이 눈 똥을 그냥 우주에다 흘려보냈는데, 계속해서 오물을 흘려보내게 되면 우주가 점점 오염되잖니. 그래서 과학자들은 똥을 연료로 쓰는 기술을 개발해 우주선에서 사용하고 있는 거란다.

우주 쓰레기
병들어 가는 우주

8월 28일 월요일 | 날씨 회오리바람이 분 날

아이스크림을 먹고 나서 쓰레기를 함부로 버렸다. 그걸 본 민지가 쓰레기통에다가 버려야 한다며 잔소리를 했다. 나는 귀찮아서 그냥 가려고 했다. 그런데 민지가 한숨을 쉬더니 말했다. 내가 우주에 가면 쓰레기를 함부로 버려서 큰 일이 날 거라는 것이었다. 실제로 우주에는 쓰레기가 많이 떠다닌다고 한다. 그것이 우주선이랑 부딪혀 큰 사고가 날 때도 있다는 것이다. 윽, 우주 쓰레기가 지구의 우리 집으로 떨어지면 어떻게 하지?

알짜배기 과학 상식

우주에 쓰레기가 둥둥 떠다닌다고요?

싫어~! 난 우주 쓰레기로 남을 거야.

으아아~!

최근 들어 우주인들이 무분별하게 버린 쓰레기가 문제가 되고 있어.

우주인이 나쁘네요!

우주 탐사를 시작한 이후부터 지금까지 사람들이 계속해서 우주에다 쓰레기를 버렸기 때문에 우주도 쓰레기가 엄청난 골칫거리가 됐단다.

현재 우주에는 자그마치 350만 개가 넘는 쓰레기가 둥둥 떠다니며 지구 주변을 맴돌고 있다고 해. 주로 우주 로켓 발사 때 사용했던 빈 연료통, 수명이 다한 인공위성, 우주

우주를 깨끗하게 만들어야 해.

휴~! 살았다~!

우주 쓰레기를 전부 청소해야 해!

로켓에서 떨어져 나온 부품들 따위지.

문제는 이 우주 쓰레기가 우주인들의 생명을 위협하는 아주 위험한 물건이 되고 있다는 거야.

우주 쓰레기는 우주 공간을 초속 8km의 빠른 속도로 떠돌아다니고 있어. 이렇게 빠른 속도로 날아다니는 물체가 우주선이나 인공위성에 부딪히면 엄청난 충격을 주게 되지.

이런 이유로 우주를 연구하는 과학자들은 쓰레기를 해결할 방법을 찾으려고 애쓰고 있단다. 머지않아 청소용 우주선이나 우주 청소기기가 등장하게 될지도 몰라.

이리 와, 우주 쓰레기들!

으아~!

우린 결국 우주에서 쫓겨나는군.

으아아! 싫어, 싫어!

싫어! 난 그냥 우주를 떠돌아 다니고 싶어….

[보이저 1호의 여행]

내가 외계인이라고?

8월 29일 화요일 | 날씨 땅이 조금 흔들린 날

선생님께서 우주는 넓고 넓어서 어딘가 지구와 같은 행성이 있을지도 모른다고 말씀하셨다. 그래서 과학자들은 지구의 메시지를 담은 우주선을 우주 멀리로 날려 보냈다는 것이다. 그 우주선은 지금쯤 어디를 여행하고 있을까? 또 다른 지구에 사는 사람들을 만났을까? 아니면 아직 우주를 떠돌아다니며 외로운 여행을 하고 있을까? 언젠가 외계인들로부터 연락이 올지도 모른다고 생각하니 가슴이 너무 설렌다.

알짜배기 과학 상식

우주에 황금 레코드판이 떠돌아다닌다면서요?

과학자들은 우주로 날아가는 우주선 안에 황금으로 만든 레코드판을 넣어 두었어. 그걸 넣어 둔 이유가 무엇일까?

인류가 발사한 우주선 중 가장 멀리 있는 우주선은 '보이저 1호'란다. 보이저 1호는 2016년을 기준으로 지구로부터 약 200억km 떨어진 곳을 날아가고 있다고 해.

보이저 1호가 우주로 떠난 건 1977년의 일이었지. 원래 보이저 1호는 목성과 토성을 탐사하기 위해 쏘아진 우주선이었어. 보이저

웬 레코드판이야?
지구에서 보내온 거라는데?
이게 지구인의 보이저 1호인가?
이거 황금 아니야?

"우주에 웬 레코드판이 떠돌아다니는 거지?"

1호는 1979년에는 목성을 지나가게 됐고, 1980년에는 토성을 지나가게 됐지. 그곳을 지나면서 보이저 1호는 수많은 사진들을 지구로 보내왔단다. 덕분에 우리는 목성과 토성에 대한 정보를 얻을 수가 있었지.

무사히 자신의 임무를 마친 보이저 1호는 지금 별과 별 사이를 탐사하는 임무를 맡아서 계속 여행을 하고 있단다. 거기에 과학자들이 만든 특별한 황금 레코드판이 들어 있지.

이 레코드판은 음악을 듣는 데 쓰는 물건이 아니야. 이 속에는 외계인에게 전달할 각종 자료들이 들어 있지. 과학자들은 보이저 1호가 우주를 돌아다니다가 어쩌면 외계인을 만나게 될지도 모른다고 생각했던 거야.

"이게 뭐야?"

"지구에서 보내온 레코드판이야."

"지구에서 보내온 각종 자료라는데?"

[화성]

이사 갈 사람!

| 9월 2일 토요일 | 날씨 귀뚜라미가 운 날 |

화성으로 이사를 가면 엄청 좋은 집이랑, 넓은 땅을 공짜로 준다는 얘기를 들었다. 거기다가 생활하는 데 필요한 모든 생필품과 먹을 것도 공짜로 준다고 한다. 그러면 화성에서는 일할 필요도 없고, 공부할 필요도 없을 것이다. 매일매일 신나게 놀고먹으며 살아도 되는 거겠지? 나는 엄마한테 화성으로 이사 가자고 조르고 싶었다. 그런데 아무나 화성에 갈 수 있는 걸까?

화성으로 이사 갈 사람을 찾는다고요?

알짜배기 과학 상식

화성에서 농사 지으며 살아야지.

선생님, 화성으로 이사 갈 사람을 모집한다고 해요! 여기 지원하면 정말 화성으로 이사를 가게 되는 건가요?

몇 년 전 미국 나사에서는 '100년 우주선 프로젝트'를 발표했지. 이 프로젝트의 목적은 인간이 거주할 수 있는 새로운 행성을 찾기 위한 것이었어.

나사에서는 화성을 새로운 거주지로 삼았어. 그리고 이사 갈 사람들을 모집할 계획이라고 발표했단다. 물론 아직까지는 기술적인 한계가 있어. 하지만 머지않아 사람이 화성에 정착해서 사는 세상이 오게 될 거야. 나사에서는 화성으로 이사 간 사람들이 그곳에서 직접 농사를 짓고, 집을

화성으로 이사를 간단 말이지.

헉! 헉! 무거워.

만들고, 필요한 모든 것을 마련해 가며 살 수 있도록 만드는 것이 목표라고 했지. 아마 2030년쯤에는 본격적인 모집이 시작될 거야.

그런데 화성으로 간 사람들에게는 한 가지 조건이 있단다. 화성으로는 누구나 갈 수 있어. 하지만 프로젝트에 참가하는 사람에게는 화성으로 떠나는 티켓만 주어질 뿐 돌아오는 표를 주지 않는단다. 결국 평생을 화성에서 살아야 하는 것이지. 화성 여행이 성공할지 실패할지는 누구도 장담하지 못해. 위험이 그만큼 크다는 뜻이지.

4장
블랙홀, 소행성, 혜성, 유성

01 블랙홀 같은 청소기
블랙홀에 빠지면 영영 나올 수 없나요?

02 별이 똥을 눈다고?
별똥별은 정말 별의 똥이에요?

03 별자리가 궁금해!
별자리 이름은 누가 정하는 거예요?

04 소행성이 날아오면
소행성이 또 지구랑 충돌할까요?

05 별들이 비처럼 내려와요!
유성우는 왜 비처럼 떨어지는 건가요?

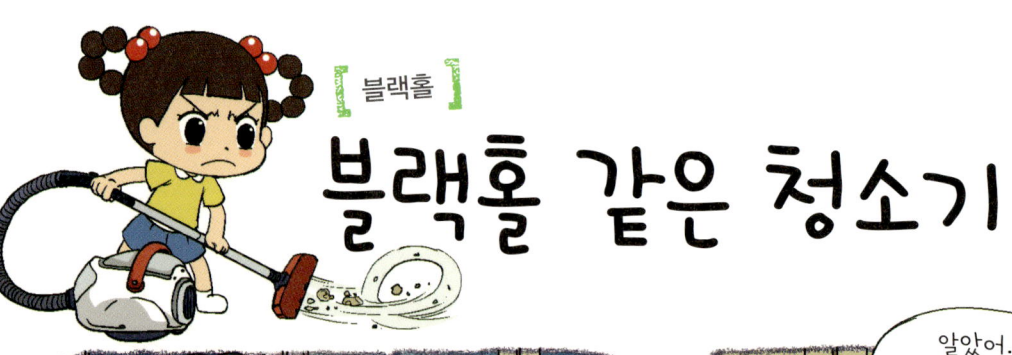

9월 3일 일요일 | 날씨 엄마가 대청소를 한 날

블랙홀은 뭐든 쭉쭉 빨아들이는 거라고 한다. 사실 우리 집에도 블랙홀이 있다. 바로 청소기를 든 엄마다. 엄마는 뭐든 다 청소기로 빨아들여 버린다. 내가 아끼는 머리핀도, 내가 갖고 놀던 구슬도, 목걸이도 다 빨아들여 버린다. 제자리에 두지 않으면 무조건 다 빨아들여서 감쪽같이 사라지게 만드는 것이다. 그런데 블랙홀은 한번 빠지면 영영 나올 수 없는 걸까?

집어삼키고 엄청난 빛을 폭발하듯 내뱉는 장면의 사진이었어.

덕분에 과학자들은 무언가 블랙홀 속으로 빨려 들어가면 그 속에서 엄청나게 빠른 열에너지 물결이 방출된다는 걸 알게 됐지.

또 블랙홀은 무서운 속도로 모든 것을 빨아들이지만, 탈출할 방법이 있다는 것도 알게 됐어. 빛보다 더 빠른 속도로 움직이면 블랙홀이 잡아당기는 힘을 이길 수 있다는 것이지.

하지만 이것은 아직 이론적으로만 가능한 것일 뿐 실제로 증명을 해 보이진 못했단다. 블랙홀에 대한 연구가 좀 더 발전하면 이것이 가능하다는 것을 증명할 날이 오겠지.

[별똥별]

별이 똥을 눈다고?

| 9월 9일 토요일 | 날씨 별똥별을 본 날 |

민지랑 나랑 돌돌이랑 딸기랑 다 함께 천문대 견학을 갔다. 천문대에서 바라본 하늘은 정말 반짝이고 예뻤다. 그런데 천체 망원경으로 하늘을 보던 돌돌이가 갑자기 별똥별이라고 소리쳤다. 나는 그 말에 놀라서 얼른 망원경을 들여다보았다. 하지만 아무리 보아도 별이 눈 똥 같은 건 보이지 않았다. 나는 두 눈을 부릅뜨고 찾아보았지만 끝내 아무것도 찾을 수가 없었다. 대체 별똥별이 뭘까?

알짜배기 과학 상식

별똥별은 정말 별의 똥이에요?

"별의 똥이라 별똥별인가?"

맑은 날 도심 불빛이 없는 곳에서 하늘을 보면 가끔 하늘에서 별이 떨어지는 것처럼 보일 때가 있지. 그걸 사람들은 별똥별이라고 한단다.

별똥별은 정말 별의 똥이 떨어지는 건가요?

별똥별은 별의 똥도 아니고, 별의 조각이나 별이 떨어지는 것도 아니야. 그저 지구 옆을 지나가던 이름 없는 천체가 지구 힘에 이끌려 떨어지는 현상일 뿐이지. 별똥별을 다른 말로는 유성이라고도 한단다.

가끔 지구 주변을 지나가던 소행성이나 암석, 우주 먼지 같은 것이 지구의 중력

"거북 등에 별똥이 붙어 있어!"

"별이 똥을 누고 있나 봐!"

"별똥별이다!"

때문에 떨어지기도 하는데, 이것은 대기권을 통과하는 동안 엄청난 공기의 힘에 부딪혀서 환한 불꽃을 일으켜. 그 모습이 멀리서 보면 마치 빛나는 별의 조각이 떨어져 내리는 것처럼 보이는 거야. 그래서 별똥별이라는 이름을 갖게 된 거란다.

대부분의 별똥별은 대기권에서 모두 불타 버리기 때문에 땅이나 바다로 떨어지지 않아. 그런데 아주 가끔 대기권에서 다 타지 않은 덩어리들이 땅이나 바다에 떨어지는 경우도 생긴단다. 이것을 사람들은 '운석'이라고 하지. 우주에서 떨어진 돌멩이라는 뜻이야.

[별자리 이름]

별자리가 궁금해!

| 9월 10일 일요일 | 날씨 달무리를 본 날 |

민지가 별자리에 대해 가르쳐 줬다. 별자리는 보통 밤하늘에 뜬 별들을 이어서 만든 그림을 보고 이름을 짓는다고 했다. 그런데 사자자리도, 전갈자리도 도저히 비슷해 보이지가 않았다. 어떻게 저런 별 모양을 보고 사자랑 전갈을 떠올린 걸까? 별자리 이름을 지은 사람들은 참 이상한 것 같다. 그런데 별의 이름은 누가 붙이는 걸까?

알짜배기 과학 상식

별자리 이름은 누가 정하는 거예요?

"게자리 그리고 사자자리."

얼마 전까지만 하더라도 나라마다, 천문학자마다 별을 부르는 이름이 다 달랐어. 그러니 과학자들은 별을 연구하는 데 어려움을 겪을 수밖에 없었지.

아주 먼 옛날 페니키아 인들은 하늘의 별자리를 양자리, 황소자리, 쌍둥이자리, 게자리, 사자자리 등 20개로 나누었지. 또 천문학을 배우게 된 그리스 인들은 하늘의 별자리에다가 테세우스자리, 헤라클레스자리처럼 신의 이름을 붙여 불렀어. 그리고 시간이 흘러 15세기가 되자 프랑스와 독일의 천문학자들은 현미경자리, 망원경자리,

"저건 황소자리 그리고 양자리."

"페니키아에서는 별자리를 20개로 나누었대."

"그래?"

시계자리 같은 이름을 붙여 부르기 시작했단다. 우리나라 역시 우리 고유의 별자리 이름이 있었고, '천상열차분야지도'라는 별자리 지도도 전해 내려오고 있지.

국제 천문 연맹에서는 하늘을 88개의 구역으로 나누고 각 이름을 붙였단다. 그리고 별의 밝기를 쉽게 알아볼 수 있도록 별 이름 뒤에 알파, 베타, 베가 같은 기호를 붙여 등급을 나누었지.

아쉽게도 별자리의 이름을 정한 것은 국력이 강하고, 과학 기술이 뛰어난 서양의 나라가 대부분이었어. 그러다 보니 별자리의 이름은 자연히 서양에서 쓰는 이름이 주로 쓰이게 됐지.

[소행성]

소행성이 날아오면

| 9월 12일 화요일 | 날씨 미세먼지가 많은 날 |

먼 옛날 지구를 지배하던 공룡이 사라지게 된 이유는 소행성이 지구와 충돌했기 때문이라고 한다. 나는 소행성이 날아와 부딪히는 상상을 해 보았다. 사랑하는 가족도 다시는 볼 수 없고, 맛있는 것도 더 이상 먹을 수 없게 될 것이라고 생각하니 눈물이 날 것만 같았다. 만약 또다시 소행성이 날아오면 지구는 어떻게 될까? 우리도 공룡처럼 모두 죽게 되는 건 아닐까?

소행성이 또 지구랑 충돌할까요?

또 다시 소행성이 날아와서 지구랑 충돌할 가능성이 있을까요?

더 이상 그런 걱정은 하지 않아도 된단다. 미국항공 우주국(NASA)와 세계 여러 나라의 과학자들이 힘을 합쳐 소행성의 충돌로부터 지구를 보호하는 업무를 담당할 지구 방위 총괄국을 만들었거든.

태양계에는 화성과 목성 궤도에 가장 많은 소행성이 몰려 있단다. 소행성은 우주를 떠돌아다니는 암석 덩어리야. 이것은 크기도 모양도 다양하지. 그런데 가끔 지구나 수성 궤도 안쪽을

돌아다니는 소행성이 나타나기도 한단다.

사람들이 소행성을 관찰하고 기록하기 시작한 건 1801년부터라고 해. 그때부터 발견된 소행성은 약 2만 개 정도란다. 이렇게 많은 소행성들이 지구로 날아와 부딪혔는데 큰 문제는 없었을까?

실제로 1996년에는 '1996JA1'이라는 소행성이 지구로 돌진하는 바람에 충돌하면 엄청난 일이 벌어지는 게 아니겠냐며 두려워했어. 하지만 걱정과는 달리 '1996JA1'는 아슬아슬하게 지구를 비켜 지나갔단다.

하지만 과학 기술이 발달한 덕분에 소행성이나 혜성이 지구로 날아와 부딪히기 전에 미리 그것을 없앨 수 있게 됐단다.

9월 13일 수요일 | 날씨 우주쇼가 벌어진 날

며칠 전부터 텔레비전에서는 오늘 밤 멋진 유성우 쇼가 펼쳐질 거라고 예고했다. 아빠랑 나는 기대를 하고 밖으로 나왔다. 거리에는 우리처럼 유성우 쇼를 보려고 나온 사람들이 많았다. 나는 두근두근 기대하며 유성우가 떨어지기를 기다렸다. 별이 떨어지면 빌 소원을 백 개나 준비해 두었기 때문이었다. 그런데 아빠가 유성우랑 별똥별은 다르다고 말씀하시지 뭔가. 아니, 유성우는 별똥별도 아닌데 대체 왜 떨어지는 걸까?

점차 밝게 빛나면서 꼬리도 길어진단다. 그래서 혜성을 꼬리별이라 부르기도 해.

혜성은 태양 주변을 지날 때 꼬리가 길어져. 꼬리는 태양에서 내보내는 태양풍 때문에 만들어지는데, 가스나 먼지로 돼 있지. 혜성은 그렇게 꼬리에 달린 물질들을 흘리면서 날아간단다.

그런데 가끔 혜성이 지나간 자리를 지구도 지날 때가 있어. 그때 그곳에 남아 있던 혜성의 꼬리 물질이 지구의 힘에 이끌려 지구 궤도로 들어오게 되는데, 이것이 지구 대기권을 통과해 우수수 떨어지게 되면 마치 별똥별이 비처럼 내리는 것처럼 보인단다. 이것을 사람들은 '유성우 쇼'라고도 하지.

경제를 놀이처럼 쉽고 재미있게!
스마트한 세 살 경제 습관이 여든 간다!

아빠가 알려 주는 경제 이야기

부자가 되고 싶다고요?
자유롭게 돈을 쓰면서 살고 싶다고요?
《태토의 부자 되는 시간》에는
부자가 되는 비밀이 들어 있어요!
똑똑한 경제 동화가 미래의 나를
부자로 만들어 줄 거예요!

신비아파트 학습 보드게임

카드 게임도 하고
속담, **고사성어**, **국기**도 익히고!

www.haksanpub.co.kr (주)학산문화사 문의 02-828-8962